AF454406

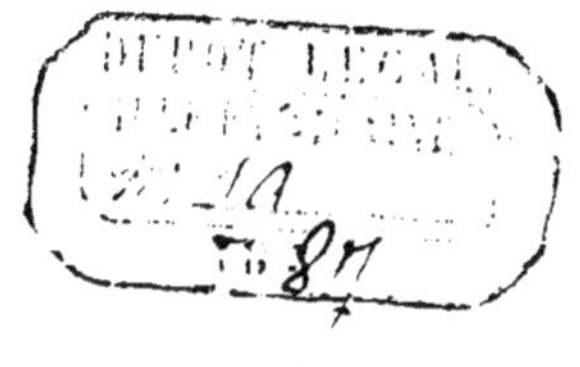

Note sur la vie et les travaux de Constant BAR

Par M. CHARLES OBERTHÜR.

(Séance du 26 janvier 1887.)

Constant Bar naquit à Nantes, le 14 octobre 1817.

Il perdit son père avant d'avoir atteint sa quinzième année et s'élevant dès lors à la hauteur des devoirs qu'un aussi grand malheur imposait à l'aîné de la famille, il s'efforça, malgré son jeune âge, de remplacer près des siens le chef que la mort avait ravi. Il se consacra tout entier à sa mère et à ses frères Jules, Eugène et Émile. Celui-ci, né un an à peine avant la mort de son père, était le filleul de Constant. Il devint plus spécialement son élève et trouva dans son parrain non seulement l'affection du meilleur des frères, mais encore la sollicitude du père le plus tendre et le plus dévoué.

Dans les sentiments de l'union la plus parfaite, les frères Bar donnaient aussi l'exemple d'une complète conformité de goûts. Tous les quatre aimaient également l'Histoire naturelle et employaient les loisirs de leur jeunesse à l'étude de l'Entomologie. Ils s'occupaient avec zèle de recueillir aux environs de la ville de Nantes les insectes de tous les ordres, y compris les Arachnides que Constant savait préparer de façon à leur conserver toute leur fraîcheur.

Mais le spectacle de la mer exerce sur tous ceux qui vivent près d'elle une irrésistible fascination. Est-il possible de voir partir ces beaux navires pour les pays lointains, sans désirer se confier aux

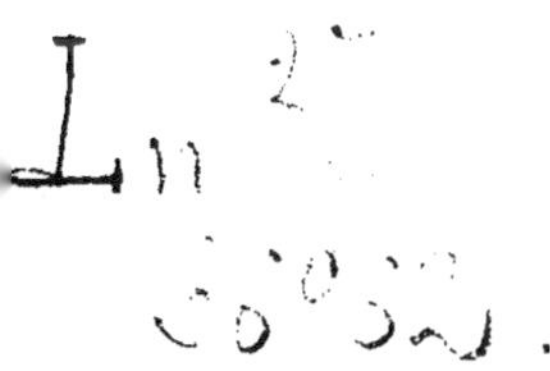

marins intrépides qui ont vu tant de merveilles et dont les récits enflamment davantage l'imagination des naturalistes? Quel entomologue n'a rêvé voir voler les Morphos bleus dans les forêts vierges du nouveau monde, et comparant notre faune d'Europe à celle des Tropiques, n'a ambitionné les jouissances ineffables de ces voyageurs dont les collections sont un objet d'universelle admiration? Pouvoir saisir *Hecuba* et *Rhetenor*, *Menelaus* et *Adonis*, voir ces papillons immenses ou parés des couleurs les plus brillantes voltigeant au milieu des splendeurs de la végétation équatoriale, n'est-ce pas le rêve, certainement irréalisable pour le plus grand nombre que retiennent d'inéluctables devoirs, mais que tous ont caressé, ont conservé vivant au fond du cœur et auquel plusieurs, à qui les années ont déjà fait sentir leur fardeau, n'ont pas encore renoncé!

Jules Bar, parvenu à l'âge de 30 ans, jouissant de toute la force de sa jeunesse, ne put résister à la soif de découvertes et à l'amour des voyages qui avaient enflammé son âme. Il se décida à partir pour la Guyane française et arriva à Cayenne au mois d'octobre 1850 au moment de la première épidémie de fièvre jaune. La mort le respecta; mais les premiers mois de son séjour furent attristés par tous les deuils que le terrible fléau multipliait avec une véritable fureur.

D'autres auraient quitté cette côte insalubre; mais Jules, doué de la ténacité qu'on dit naturelle aux Bretons, ne fut point ébranlé dans ses résolutions. Il attendit que l'épidémie prît fin; puis l'espérance de meilleurs jours venant animer son courage, il s'adonna avec ardeur aux recherches entomologiques.

Mais les frères Bar ne pouvaient se résigner à une séparation douloureuse pour leurs cœurs unis; ils allèrent donc rejoindre à la Guyane celui d'entre eux qui les y avait précédés.

Leur mère, dont le dévouement et l'affection dominaient toutes craintes, ne voulut pas rester à Nantes. Accompagnée de son fils Émile, elle débarqua à Cayenne au mois de décembre 1851.

L'intention des frères Bar était de se consacrer exclusivement
à l'Entomologie; ils comptaient d'ailleurs envoyer en France une
partie de leurs récoltes et en tirer d'honorables profits; mais, malgré
les plus énergiques efforts, ils ne purent trouver dans un pays où les
Lépidoptères de quelque valeur sont plus rares et plus difficiles
à obtenir qu'on ne le croit généralement, les moyens de vivre sans
embrasser une autre carrière. Se faisant donc agriculteurs, ils
cultivèrent le caféier et le cacaoyer et établirent dans la banlieue de
Cayenne une laiterie qui rendait de grands services à la population
de cette ville. Cependant, au moment où ils pouvaient fonder de
légitimes espérances sur l'avenir d'une industrie qui devenait floris-
sante, une épizootie détruisit leur troupeau.

Les frères Bar ne se laissèrent point abattre par un désastre qui
ruinait leur fortune. Pleins d'énergie et de persévérance, ils deman-
dèrent la concession de l'île de Portal, au Maroni, et l'ayant obtenue,
ils travaillèrent à y créer un établissement.

Cette île doit son nom au baron Portal, ministre de la marine, sous
le gouvernement de la Restauration, elle est située à environ 15 kilo-
mètres de Saint-Laurent, au milieu d'un large fleuve qui roule ses
eaux claires entre des rives couvertes de forêts. Les rameaux des
grands arbres s'étendent librement de chaque côté du Maroni et les
plus basses branches sont fréquemment immergées par les eaux.
La rivière forme ainsi comme une route de forêt que les papillons
sillonnent dans leur vol capricieux.

Le fleuve Maroni sépare les possessions françaises de celles de la
Hollande. L'île de Portal se trouve donc à proximité des deux pays.
C'est une terre d'environ 3 lieues de longueur, généralement basse,
avec des plages que recouvrent les grandes marées. Une ceinture de
bois d'essences variées, pachyrier, wapa, palmiste-pineau, s'élève
tout autour de l'île, formant comme une défense contre les grandes
eaux. Vers le milieu de l'île, on trouve divers plateaux sablonneux.
C'est sur ces espaces découverts, d'où l'on peut apercevoir par place
une ligne ondulée de montagnes se déroulant à l'horizon sur le

**

continent, que s'élèvent aujourd'hui les bâtiments de l'habitation Portal, notamment l'usine à vapeur pour la rocouerie et les autres installations due à l'industrie intelligente des frères Bar.

Tout était à faire dans l'île de Portal, lorsqu'en 1855 Constant débarqua sur le sol de cette concession déserte. Il passa sa première nuit sous un *carbet*, sorte d'abri formé avec des feuillages à la mode indienne. Enfin, grâce à un travail qu'aucun mécompte ne rebuta, le riz, le manioc, le rocou, arbre de trois à quatre mètres de hauteur qui fournit une teinture rouge estimée et dont la fleur ressemble en plus grand à celle de nos ronces, remplacèrent dans les endroits favorables ce qui depuis des siècles avait été le domaine exclusif de la forêt. Peu à peu les limites du bois furent reculées. Cependant aujourd'hui encore la forêt vierge couvre près des neuf dixièmes de la surface totale de l'île de Portal et recèle dans ses fourrés impénétrables les fauves qu'éloigne toujours le voisinage immédiat de l'homme.

Ce fut dans cette concession, au milieu de l'imposante solitude des épaisses forêts, dans un climat orageux, très pluvieux, mais cependant assez salubre, que Constant Bar vécut jusqu'en 1858, époque à laquelle, aidé de son frère Émile, il essaya de relever à Approuague l'ancienne sucrerie de Collège, fondée sous le règne du roi Louis XVI par Guizan qui fut le créateur du premier établissement modèle à la Guyane.

Mme veuve Bar resta avec ses deux autres fils, Jules et Eugène, dans le quartier du Maroni, et ce fut à Mana qu'elle rendit son âme à Dieu, après une vie tout entière de désintéressement, d'abnégation et du plus tendre dévouement pour ses fils.

Plus tard, le manque de bras pour l'aider dans ses entreprises obligea Constant à abandonner le Collège. Dès lors, il ne conserva plus que son habitation Portal, partageant sa laborieuse existence entre l'Entomologie à laquelle il fut toujours fidèle, et l'agriculture et l'industrie, source féconde de profits, mais aussi de difficultés qui n'ont jamais cessé de l'assaillir.

Cependant par la noblesse et la générosité de son caractère et la bonté compatissante de son cœur qui le rendaient particulièrement doux et bienveillant pour les pauvres et les humbles, Constant Bar avait conquis l'attachement fidèle et dévoué de ses travailleurs qui n'étaient point insensibles à la sollicitude toute paternelle dont il les entourait.

Mais l'envie, fleur empoisonnée qui est de toutes les latitudes, devait s'acharner contre d'aussi honorables succès. Toutes les supériorités n'ont-elles pas à subir les assauts des jaloux et ne voyons-nous pas trop souvent des citoyens qui sont un honneur pour leur patrie, ne recueillir, au lieu des récompenses méritées, que les tracasseries mesquines, le dénigrement et les revendications iniques et acerbes ?

Constant Bar a connu les amers labeurs de la défense du droit contre le dol et l'injustice. Jusqu'aux derniers temps de sa vie, il a dû lutter ; mais toujours confondant ses adversaires par la logique de son argumentation, la puissance de ses ripostes, et leur imposant le respect par sa droiture et sa loyauté.

Cependant, quand il avait enfin triomphé, il pardonnait sans effort, et son inaltérable indulgence ne manquait jamais de chercher des excuses à ceux même qui avaient plus audacieusement essayé de le tromper.

Combien de fois m'a-t-il été donné d'apprécier les rares qualités de cette âme vaillante, stoïque en face des revers et ne se laissant jamais décourager, mélange singulier d'une confiance souvent excessive et de la plus fine pénétration, toujours prête à la lutte et en même temps à la réconciliation, enthousiaste et cependant pleine de conseil et de sang-froid !

Ce fut pendant l'année 1879 que Constant Bar, étant revenu en France pour la première fois depuis 1851, notre amitié, née d'une correspondance déjà ancienne et dans laquelle une grande conformité de vues nous avait unis l'un à l'autre, devint plus étroite et plus intime.

Je ne puis sans émotion me rappeler ces jours trop vite écoulés du séjour de Constant Bar parmi nous. Son érudition vaste et sûre, l'élévation de son caractère, et par-dessus tout, les grâces aimables de son esprit cultivé et toujours animé de la plus cordiale bienveillance lui avaient conquis tous les cœurs.

Nos collègues, MM. G. Allard, J.-B. Capronnier, E. Martin et O. Staudinger, qui ont connu Constant Bar à Cancale ou à Rennes, me sauront gré de joindre le témoignage de leur sympathique souvenir au légitime hommage rendu aujourd'hui au nom de la Société entomologique de France, à l'éminent collègue que la mort est venue nous ravir.

Qu'il me soit permis encore d'associer à ces noms respectés celui de notre digne ami Depuiset, enlevé, lui aussi, à notre affection et à notre estime! Assez de fois il m'a dit les sentiments que lui avait inspirés Constant Bar, pour que je me sente autorisé à en rapporter ici l'expression si honorable.

Cependant Constant était retourné à son habitation Portal; mais c'était, me disait-il, pour terminer ses affaires et revenir définitivement parmi nous.

Sa santé lui faisait un devoir de quitter la Guyane et je le pressais de ne pas différer davantage un voyage nécessaire.

Il avait fini par se décider à partir et il s'était rendu à Cayenne pour prendre le paquebot qui devait le conduire aux Antilles et de là en France.

C'était en juin 1884, et le choléra qui sévissait en Europe, obligeait à des quarantaines rigoureuses. Il en résulta des difficultés d'embarquement à la suite desquelles Constant Bar crut devoir revenir au Maroni, et ensuite passer à Surinam pour y prendre enfin la mer.

Mais il était devenu extrêmement souffrant, et quand il fut arrivé avec son frère Eugène dans la capitale de la Guyane hollandaise, il subit divers contretemps qui retardèrent son embarquement pour la France.

Constant en ressentit une cruelle déception. Ses forces étaient du reste bien défaillantes et il fut obligé de s'aliter. Hélas! c'était là sur cette terre étrangère que Constant Bar devait mourir.

Elles furent bien douloureuses pour mon pauvre ami ces heures de souffrance et d'angoisse pendant lesquelles il dut se préparer à quitter la terre.

Son frère Eugène était près de lui et c'était une consolation bien douce; mais les autres manquaient; Jules, alors malade lui-même et qui a déjà rejoint Constant dans la tombe, et Émile, le filleul qui avait toujours été si près du cœur.

Dans cette chambre d'hôtel où s'achevèrent les derniers jours de sa vie, tristement séparé de tous ceux qu'il avait laissés à l'Habitation, et si loin de la France qu'il aimait tant et qu'il fallait renoncer au bonheur de jamais revoir, Constant Bar se résigna en vrai chrétien, au sacrifice de toutes les affections qui attachent à la terre. Il avait puisé au foyer domestique une foi vive et profonde que ses études et ses réflexions n'avaient fait que fortifier. Aussi à cette heure de douleur suprême, les espérances immortelles vinrent-elles réconforter le mourant.

Un missionnaire catholique se trouvait de passage à Surinam; Constant eut la consolation, presque inespérée, d'être assisté par un prêtre, et de recevoir les derniers sacrements en pleine possession de lui-même, et au moment où se fixent les éternelles destinées.

Constant Bar était alors dans sa 67e année.

La nouvelle de cet événement douloureux me parvint peu de jours après la réception d'une lettre où Constant m'annonçait sa prochaine arrivée en France.

Ainsi advient-il des destinées humaines! Nous formons des projets pour l'avenir et brusquement la mort vient tout renverser.

Et maintenant que j'ai retracé les principaux événements de la vie d'un ami qui me fut bien cher, je regrette que ma plume n'ait pu suffire à mon cœur pour rendre à la mémoire de Constant Bar un hommage plus digne des éminentes vertus dont nous conserverons toujours le souvenir.

Cependant il me reste encore à parler avec quelques détails du naturaliste, de ses travaux et de ses découvertes entomologiques.

Ce fut en 1854 que la Société entomologique de France admit au nombre de ses membres Constant Bar, « naturaliste voyageur, résidant à Cayenne, » présenté par une de nos illustrations, feu le Dr Boisduval.

Dans cette même année, le bulletin de nos séances contient l'extrait d'une intéressante lettre, lue par le Dr Boisduval, et dans laquelle Constant Bar donne des détails sur diverses chenilles qu'il a observées aux environs de la Magdeleine, près Cayenne.

Nos Annales de 1856 renferment deux communications faites par le Dr Boisduval au nom de Constant Bar, alors établi au Maroni; l'une (p. xxi) relative à la chenille de *Limnas melander*, l'autre (p. xcix) concernant la découverte de plusieurs chenilles du groupe des *Erycinides*, et donnant des détails de mœurs sur diverses espèces de cette famille.

Le bulletin de 1857 (p. xxi) offre encore deux notices de MM. Buquet et Boisduval sur les insectes recueillis au Maroni par M. Bar.

En 1864, parut dans les Annales (pp. 29-33) une note très intéressante de Constant Bar sur les *Morphos* de la Guyane.

En 1873, Bar donna, dans les Annales de la Société entomologique de Belgique, dont il était membre, une notice controversive sur le sens de l'ouïe et sur l'organe de la voix chez les insectes.

La même année, il publia, avec la collaboration de notre savant collègue le Dr Alexandre Laboulbène, l'histoire d'un genre nouveau de Lépidoptères, appartenant à la tribu des Bombycides et dont la chenille est aquatique (*Annales de France*, pp. 297-306). La *Palustra Laboulbeni* est une des plus surprenantes découvertes entomologiques faites dans ces derniers temps. C'est à Approuague, dans les eaux des canaux de desséchement que vit, au détriment des plantes immergées, la chenille de la *Palustra Laboulbeni*. Jamais cette larve singulière ne sort de l'eau. Quand on la pose sur la terre, elle peut à peine se traîner et semble presque inerte, tandis que dans les eaux vives elle nage avec vivacité. Les chrysalides sont renfermées dans des cocons qui flottent à la surface de ces canaux, dans des sites découverts et exposés à toutes les ardeurs du soleil.

Comment se fit-il que cette découverte si importante pût être contestée dans nos Annales elles-mêmes (pp. xii et xiii et pp. 542-44 de 1873)?

Bar fut très sensible à ces doutes publiquement élevés sur la sagacité de ses observations et sa propre véracité. Il répondit par une note détaillée dont un résumé seulement fut imprimé dans les Annales (1874, pp. cxxi et cxxii).

Mais les entomologistes qui habitent l'Amérique accueillirent avec confiance la nouvelle d'une découverte si honorable pour notre compatriote, et le Dr Charles Berg, le savant professeur de zoologie à l'Université et au collège national de Buenos-Aires, aussi distingué comme polyglotte que comme naturaliste, se chargea de confirmer d'une manière irréfragable l'exactitude des observations de Constant Bar.

Dans les *Anales de la Sociedad científica argentina*, le Dr Berg, qui classe l'un des contradicteurs de Constant Bar « en el número de los autores de desgracias, » publie un mémoire étendu sur les « orugas acuáticas, » et après avoir fait, en collaboration du Dr Günther, la difficile éducation de ces chenilles aquatiques, il décrit (4ª entrega del II tomo, pp. 184-190) les *Palustra Burmeisteri* et *argentina*, « otra imágen de orugas acuáticas, » comparant toujours ces espèces nouvelles à la *P. Laboulbeni*, premier type observé de ce curieux genre.

Avec les *Palustra tenuis* et *azollæ* Berg, il y a maintenant cinq espèces décrites et authentiquement connues de ces Bombycides à chenilles aquatiques. Mais il en existe bien d'autres dans l'Amérique du Sud. Ma seule collection renferme un certain nombre d'espèces de Colombie, Paraguay, Brésil qui, d'après l'aspect de l'insecte parfait, sont des *Palustra*; seulement la connaissance des premiers états s'impose pour obtenir la certitude.

En 1875, commença à paraître dans les *Annales de France*, la monographie d'une charmante famille de Noctuélites américains, les *Palindidæ*. Constant Bar décrivit 31 espèces de ce groupe qu'il avait observées à la Guyane française, et M. Poujade, avec son talent ordinaire, reproduisit par la peinture toutes les espèces décrites. Depuis l'époque où Bar écrivit la monographie des *Palindidæ*, deux nouvelles espèces, trouvées à la Guyane, restent à ajouter au catalogue des *Palindia* de notre colonie.

Enfin, en 1878, Constant Bar nous donna sous le titre modeste de *Note critique sur les différents systèmes de classification des Lépidoptères Rhopalocères*, un ouvrage extrêmement remarquable tant par la logique des déductions, la clarté et l'élégante simplicité du style que par l'étendue et la sûreté de l'érudition dont il fait preuve.

J'estime que rien jusqu'à ce jour n'a été conçu de plus rationnel pour la classification des Lépidoptères Rhopalocères. L'enchaînement des tribus est aussi satisfaisant pour l'esprit que peut l'être une classification dite en ligne droite, et l'arrangement proposé par Constant Bar est à coup sûr ce qu'on pouvait imaginer de plus ingénieux.

Mais le grand travail entomologique de Constant Bar est la *Monographie des Érycinides de la Guyane*. Malheureusement l'ouvrage n'a pas encore été publié. Je possède cependant le manuscrit qui représente la valeur d'un volume considérable; il est plein d'observations judicieuses et de renseignements sur les premiers états restés jusqu'ici inconnus. Constant Bar, artiste de beaucoup de mérite, a peint sur parchemin les figures d'un grand nombre d'espèces d'Érycinides. Ces peintures sont admirables d'élégance et de vérité.

Malgré les difficultés venant du climat chaud et humide de la Guyane, Constant Bar conserva, tant qu'il vécut à son habitation Portal, la collection d'insectes, objet des recherches de toute sa vie. Élevant constamment et avec succès un grand nombre de chenilles, même des Rhopalocères, il obtint en exemplaires d'une fraîcheur irréprochable une foule d'espèces qu'il est bien rare de rencontrer à l'état parfait.

Très ardent chasseur et observateur très patient et très sagace, il aimait à m'informer des résultats de ses éducations de chenilles et des récoltes, spécialement de Noctuelles et de Phalènes, qu'il faisait le soir au plafond de sa véranda. Sa correspondance contient ainsi une foule de notes du plus haut intérêt sur la faune du Maroni. Certains de ses papillons ont une histoire, notamment cette belle femelle du *Morpho Rhetenor* qu'il n'avait encore jamais pu obtenir et qu'il vit un jour venant d'éclore et séchant ses larges ailes fauves, posée sur le chemin qu'il parcourait. Constant n'avait pas de filet. Heureusement un jeune Noir put être dépêché à l'habitation et le papillon resta tranquillement à l'attendre. Aujourd'hui ce *Morpho* est dans ma collection où Constant a voulu que la sienne vînt prendre place, à côté de celles de nos entomologistes français Boisduval, Guenée et de Graslin, qu'il m'a été donné de conserver à la France.

Cette collection de Papillons de la Guyane est arrivée à Rennes le 1er janvier 1887. Certaines boîtes ont beaucoup souffert du voyage et nécessitent une longue et minutieuse réparation. Mais je ne pense pas qu'on ait à regretter la perte d'aucune espèce, et bientôt je pourrai commencer à publier la description et la figure des plus intéressantes nouveautés. Elles sont surtout nombreuses dans les *Lycénides*, les *Glaucopides*, les *Bombycides*, dont plus de la moitié des espèces m'était inconnue, les *Noctuélites* qui dépassent sept cents espèces,

les *Phalénites*, les *Pyralides* et *Deltoïdes*, extrêmement nombreus
enfin les *Microlépidoptères*, tout particulièrement soignés. Par
eux se trouve le singulier papillon, parasite de l'Aÿ. La chenille
sur le corps du Paresseux, se nourrissant de la graisse sécrétée s
la peau de cet animal et le papillon court, plutôt qu'il ne vole, en
les poils de l'Aÿ.

Quelle perte n'avons-nous pas éprouvée par la mort de no
collègue ! Il comptait se fixer en France et nous faire profiter de
longue expérience de la faune de la Guyane. Combien de secre
entomologiques Constant Bar avait surpris et que de connaissance
fruit de fatigues prolongées, il avait acquises sur des sujets qui so
encore inconnus !

Je m'estimerai cependant heureux d'atténuer dans la mesure
possible une perte aussi regrettable pour la science, en publiant
renseignements contenus dans la correspondance et les manuscr.
qu'il nous a laissés.

Typ. Oberthür. Rennes.

Rennes, 20 février 1887.

Monsieur et honoré Collègue,

La Société entomologique de France m'ayant demandé d'écrire pour ses Annales une notice sur la vie et les travaux de notre regretté collègue Constant Bar, je me suis conformé au désir de la Société et lui ai envoyé le manuscrit qui fut lu à la séance du 26 janvier 1887.

Je reçus alors la lettre suivante de M. le Secrétaire de la Société :

« *Société entomologique de France, reconnue comme Établissement d'utilité publique.* »

Paris, le 12 février 1887.

« Mon cher Collègue,

» Interprète de la Société, comme étant son secrétaire, je dois
» à mon grand regret vous transmettre les décisions prises par
» nos collègues au sujet de votre notice sur Constant Bar, ce que
» je n'ai voulu faire que lorsque l'affaire aurait été terminée en
» ce qui concerne la Société.

» Cette notice a été lue par notre Président dans la séance du
» 26 janvier 1887 et, à la majorité des voix, il a été décidé qu'elle
» ne serait pas imprimée immédiatement, mais renvoyée à la
» Commission de publication. C'est le 7 février que celle-ci s'est
» réunie et elle a proposé à la Société de ne consacrer dans le
» premier numéro des Annales de 1887 qu'un quart de feuille
» à votre travail. Cette dernière proposition a été enfin adoptée
» dans la séance de mercredi dernier et il a été décidé qu'une
» réduction de texte vous serait demandée.

» Les objections qui ont été faites à votre travail sont : qu'habi-
» tuellement les notices nécrologiques doivent être aussi courtes
» que possible pour ne pas arrêter par leur publication celle des
» travaux purement scientifiques toujours abondants et qu'il
» semblait possible que vous puissiez réduire de moitié votre
» notice, tout en donnant sur Bar, aussi bien personnellement
» que sur ses œuvres entomologiques, tous les développements
» nécessaires.

» Dans cet état de choses, je tiens à votre disposition votre
» manuscrit, espérant que vous voudrez bien faire le travail de
» réduction que nos collègues sollicitent de votre obligeance;
» à moins toutefois que vous ne vouliez vous en rapporter à la
» Commission de publication pour le faire, ce qui ne peut avoir
» lieu qu'avec votre autorisation.

» Telle est, mon cher Collègue, la communication que je devais
» vous faire au nom de la Société.

» Croyez, etc. »

En conséquence, pour ne pas empiéter, même par un quart
de feuille, sur « les travaux purement scientifiques toujours
abondants, » et ne pas exposer d'autre part la Société aux
dépenses probablement exagérées que lui causerait l'addition
de quelques pages à ses Annales, j'ai cru devoir faire moi-
même ce que la Société ne s'est pas jugée en mesure d'ac-
complir et j'ai l'honneur de vous adresser ci-contre, comme
supplément aux Annales 1886, de façon à pouvoir être reliée
avec les Annales elles-mêmes, la notice complète sur la vie et
les travaux de notre honorable collègue Constant Bar.

Veuillez agréer, Monsieur et honoré Collègue, mes salu-
tations très distinguées.

Charles OBERTHÜR.

Typ. Oberthür. Rennes.